AF249811

LES ANCIENS PARTIS

ÉTUDES CONTEMPORAINES.

En Vente

Une Réforme administrative en Afrique. A. DE BROGLIE.
Les Anciens partis...................... PREVOST-PARADOL.

Pour paraître prochainement

Rapport de la morale et de la politique. Ch. DE RÉMUSAT.
Des garanties de la liberté individuelle. EDM. DE GUERLE.
De l'indifférence dans les questions politiques.......
.... JULES DE LASTEYRIE.
La Liberté religieuse et la législation actuelle.. ***
De l'indifférence dans les questions sociales. JULES SIMON.
Les Libertés gallicanes en 1860.............. BERRYER.
Les Conditions de la liberté.......... ÉDOUARD LABOULAYE.
Des effets de la Centralisation........... ODILON-BARROT.
Solidarité des droits publics et des droits privés.....
.... PAUL ANDRAL.
La Question d'Orient depuis 1859. SAINT-MARC GIRARDIN.
Lettre au Sénat...................... O. D'HAUSSONVILLE.
Les Intérêts matériels........................... HAURÉAU.
Le Budget de la France..................... HENRY MOREAU.
L'Administration française................. LÉON MASSON.
Les Premiers procès de presse sous la Restauration.
.... DUVERGIER DE HAURANNE.
Les droits et les devoirs des conseillers municipaux.
.... FRÉDÉRIC MORIN.
Études sur l'état moral de la France........ BARTHÉLEMY-
.... SAINT-HILAIRE.
Études sur la Constitution de 1852. LÉONCE DE LAVERGNE.

IMPRIMERIE DE BEAU, A SAINT-GERMAIN-EN-LAYE.

LES
ANCIENS PARTIS

PAR

M. PRÉVOST-PARADOL

PARIS,

H. DUMINERAY, ÉDITEUR,

78, RUE RICHELIEU,

Et chez les principaux libraires de Paris,
de la France et de l'Étranger.

1860

LES ANCIENS PARTIS

Idem velle atque idem nolle,
ea demum firma amicitia est.
(SALLUSTE.)

Le mot d'*anciens partis* est fort à la mode dans une certaine polémique et dans un certain monde. C'est une désignation qui fait ce qu'elle peut pour paraître une injure. C'est aussi une explication de toutes les contrariétés qui peuvent survenir au Pouvoir, de toutes les critiques qui peuvent l'importuner. Si l'édifice de notre constitution n'a point reçu son couronnement plusieurs fois annoncé, les *anciens partis* en sont la cause ; si la politique étrangère du gouvernement rencontre parfois des difficultés ou suscite des plaintes au dehors, c'est aux *anciens partis* qu'on doit s'en prendre. Peu s'en faut qu'ils ne soient responsables des intempéries des saisons, qu'on n'attribue une mauvaise récolte à leurs manœuvres, et qu'ils ne soient soupçonnés d'entretenir des intelligences avec le ciel. Accusés de tant de choses, suspects à tant de titres, les *anciens partis* semblent embarrassés d'eux-mêmes et ne savent trop quelle contenance ils doivent garder. Comme ces personnes maladroites ou malheureuses qui ne peuvent faire un geste ou dire un mot sans soulever un concert de reproches, les *anciens partis* ne peuvent im-

punément ni se remuer, ni rester en repos,
ni parler, ni se taire. S'ils ne donnent point
signe de vie, on les déclare frappés de mort
par la justice céleste, et on les accable des
plus tristes oraisons funèbres ; si on les sent
vivre, c'est qu'ils conspirent ; s'ils n'osent
parler, c'est qu'une admiration involontaire
les condamne au silence ; s'ils font entendre
le plus humble murmure, on déclare qu'il
faut une patience égale à celle des dieux
pour endurer leurs clameurs. Enfin, ce mot
d'*anciens partis* est un argument qui répond
à tout, et il semble qu'il suffise d'exciter
leurs plaintes ou d'encourir leur blâme pour
avoir raison. Guerres, traités, lois, décrets,
tout ce qui pourrait être contesté ou critiqué
devient inattaquable et excellent, si l'on peut
seulement montrer que les *anciens partis*

n'en sont pas bien aises. Leur désapproba-
tion devient donc le signe indirect du vrai
et du bien ; c'est le critérium de la certitude
si ardemment cherché par les philosophes,
et il n'est pas de fléau qui ne devienne sup-
portable et même agréable aux yeux de cer-
taines gens, si les *anciens partis* le redoutent
ou le déplorent.

D'où vient la fatale puissance de ce mot?
d'où vient qu'à lui seul, et sans qu'il soit besoin d'aucune autre épithète, il ait pris un
rang si distingué parmi les invectives? Ce
n'est point le mot de *parti* qui peut paraître
une injure ; tout le monde se flatte d'appartenir à son parti, et quelques-uns se piquent
de lui être fidèles. C'est donc le mot d'*an-*

cien qui contient le reproche et qui porte avec lui sa propre condamnation ? Hélas oui ! Notre pays, épris de la nouveauté ou plutôt de ce qui en a l'apparence, ne peut souffrir ce qui est d'hier.

Il lui faut du nouveau, n'en fût-il plus au monde ; et ils le connaissent bien, ceux qui ont inventé ce mot d'*ancien* pour désigner et flétrir en même temps tout ce qui n'est pas eux-mêmes. Les hommes des *anciens partis,* cela veut dire les gens vêtus à l'ancienne mode, les gens dont l'esprit est en retard sur leur siècle, les gens qui ne sont pas à la hauteur des inventions nouvelles en politique et en morale, comme en littérature ou en industrie, les gens enfin qui n'ont pas compris l'avantage et le plaisir d'appartenir au plus

1.

nouveau, au plus jeune, au plus fraîchement
éclos de tous les partis. On ne peut cependant accepter sans examen une désignation
si fâcheuse, ni se laisser déclarer, sans forme de procès, atteint et convaincu de ce
crime irrémissible d'ancienneté. Examinons
donc un instant l'âge de tous nos partis, et
voyons quel est le plus *ancien* ou, si l'on
veut, le plus coupable.

Cette recherche est bien facile, car nos
partis ont tous leur extrait de naissance,
puisque chacun d'eux est le legs ou, pour
mieux dire, le résidu d'un de nos gouvernements. Il n'en est donc point d'extrêmement
vieux, puisque la Révolution française leur
sert à tous de point de départ, et que le plus

âgé n'a guère plus de soixante ans. Il n'en est pas non plus de remarquablement jeune, puisque nos deux formes de gouvernements les plus récentes, celle qui a péri le 2 décembre 1851 et celle qui subsiste aujourd'hui, ne sont que la reproduction de formes déjà anciennes et qu'on dira dans l'histoire : la *seconde* République et le *second* Empire. Mais énumérons rapidement ces divers partis, ou, ce qui revient au même, les divers gouvernements qui, en se succédant parmi nous, ont tous laissé leur part dans ce triste héritage.

La République est le premier gouvernement qui soit sorti des débris de l'ancien régime, et elle a fourni une sanglante carrière mêlée de crimes et de gloire. Elle réjette l'Europe loin de nos frontières, elle efface jusqu'aux traces de l'ancienne société française, elle fonde parmi nous l'égalité sur des bases impérissables et, au milieu de ces impuissantes tentatives pour établir un gouvernement régulier, elle disparaît brusquement dans une conspiration militaire. Comment n'eût-elle pas laissé après elle un parti?

L'Empire hérite de la République; il affermit quelques-unes de ses créations, et il détruit les autres. Au dedans, il maintient l'égalité et resserre l'unité nationale; il extirpe ces faibles rejetons de liberté qui essayaient de se faire jour à travers les ruines sanglantes de la République; et la nation, divisée en contribuables et en soldats, semble n'avoir plus d'autre destinée en ce monde que

d'entretenir une armée capable de le conquérir. Mais l'Empire succombe au milieu
de ces rêves et laisse la France à ses succes-
seurs, occupée militairement par l'Europe et
privée, par traité, de ses frontières naturelles.
Comment cependant ces quinze années de
combats et de gloire, si propres à frapper
l'imagination populaire, n'auraient-elles pas
laissé en France un parti de plus ?

Quinze années de paix et de liberté con-
stitutionnelle, la fondation de l'esprit public,
de la tribune, de la presse, de la liberté
moderne, en un mot, voilà les dons in-
estimables que la Restauration a faits à la
France ; et bien qu'elle ait voulu les repren-
dre en un jour de folie, la France serait bien
ingrate si un tel gouvernement n'avait,

comme les autres, laissé son parti derrière lui.

Dix-huit années s'écoulent encore sous un roi bienveillant et sage, longtemps entouré de la confiance publique. La paix nous est conservée, et l'Algérie est conquise ; l'ordre se maintient et la liberté s'affermit : mais tout à coup ce gouvernement s'écroule et laisse un nouveau parti sur ses ruines, le plus nouveau de tous, si l'on est de bonne foi et si l'on sait compter.

Quoiqu'en effet nous ayons été, depuis ce jour, secoués par la République et calmés par l'Empire, on ne peut reconnaître qu'un nouveau parti ait paru à la surface de la

France : qu'on le regrette ou qu'on s'en féli-
cite, ce sont deux *anciens* partis qui, depuis
ce temps-là, ont successivement remporté
la victoire, et l'on n'a jamais confondu jusqu'ici une résurrection avec une naissance.
La famille de Lazare l'a vu avec joie sortir
du sépulcre ; mais si Lazare avait prétendu
qu'il ne faisait que de naître, et s'il s'était
donné des airs enfantins, sa famille aurait
pensé avec raison que son séjour dans le
tombeau lui avait enlevé le sens. Le parti
qui accuse tous les autres d'ancienneté est
donc dans son tort, et il peut revendiquer
toutes sortes de mérites, excepté celui de
la nouveauté. Que lisons-nous d'ailleurs
dans le préambule de la constitution de
1852 ? — Que les bases en sont empruntées
à la Constitution de l'an viii, et cette décla-

ration est de la dernière exactitude. Or, il faudrait une assurance extraordinaire, et qui dépassât même les habitudes de ce temps-ci, pour prétendre que la constitution de l'an viii, si irréprochable qu'elle puisse être d'ailleurs, est plus jeune que la Charte de 1814 ou que celle de 1830.

Certes, vous vous targuez d'un bien faible avantage,
Et vous faites sonner terriblement votre âge,

dit Arsinoé à la belle Célimène trop fière de sa jeunesse ; mais qu'eût-elle dit si Célimène se fût rajeunie de trente ans et eût été plus vieille qu'Arsinoé ?

Mettons de côté, si vous voulez, ces titres généalogiques et ces parchemins ; quittons un instant les affaires contemporaines; bouchons-nous, comme le veut Descartes, les yeux et les oreilles, et demandons-nous, par pure curiosité philosophique, quel est, ici-bas, le plus ancien de tous les partis. C'est l'alliance vieille comme le monde de la démagogie et du despotisme; c'est le désir inique de la toute-puissance faisant un pacte avec l'instinct aveugle de l'égalité; c'est ce parti, toujours semblable à lui-même sur des scènes différentes, qui soutenait les tyrannies antiques de l'Orient; c'est lui qui a créé les petites tyrannies de la Grèce; c'est lui qui a fondé la vaste tyrannie des Césars, aux acclamations de la populace romaine, et il a encore sur les mains le sang de Caton. Voilà le plus ancien de tous les partis, voilà le plus redoutable. C'est en vain que le christianisme et la phi-

losophie font la guerre à ce vieil ennemi de
la dignité humaine ; il renaît sans cesse et
n'a pas encore fini d'infester la terre. Lais-
sez-moi donc vous dire que le plus nouveau
de tous les partis et le plus digne de la sym-
pathie des âmes généreuses, c'est celui qui
ressemble le moins à celui-là.

Le reproche injuste d'*ancienneté* n'est pas
cependant le seul qu'un parti trop présomp-
tueux fait de nos jours à tous les autres ; au
crime d'être *ancien*, ils en ajoutent, dit-on,
un autre, celui de ne pas se haïr autant qu'on
le voudrait, de songer plutôt à ce qui les unit
qu'à ce qui les sépare, et de se prendre les
uns les autres en patience. On ne se contente
donc pas de dire : les *anciens* partis ; on

prend une autre tournure, et, pour les acca-
bler d'un seul coup, on dit : la *coalition* des
anciens partis.

L'accusation est grave, et au premier coup
d'œil elle semble mortelle. Notre pays, en effet, ne peut souffrir les coalitions. Tandis
que, de l'autre côté de l'eau, la coalition est le
fondement de la vie publique, que les ouvriers
se coalisent pour se faire payer plus cher et
les fabricants pour ne point payer davantage,
que dans la Chambre des communes tout le
monde s'allie volontiers à tout le monde quand
on a le commun désir de renverser quelqu'un,
notre pays n'a vu qu'une coalition et ne s'est
pas trouvé la force de la supporter. On parle
encore avec terreur, dans un certain monde,
de la coalition qui a précipité M. Molé du

ministère. Le reproche de coalition est donc aussi habile que celui d'ancienneté et peut devenir non moins populaire ; et lorsqu'on a dit de ces malheureux partis : « Non-seulement ils sont *anciens*, mais encore ils sont *coalisés*, » les voilà jugés sans appel.

Voulez-vous voir cependant une coalition, d'ailleurs fort légitime, mais une coalition après tout, bien qu'elle n'excite aucun scrupule et qu'elle soulève peu de scandale ? Venez avec moi au Sénat. — Mais les séances ne sont pas publiques. — Qu'importe ? venez toujours ; si nous entendons un sénateur parler, nous ne répéterons pas ce qu'il aura dit. Entrez. Qui voyez-vous, assis là-bas, ayant l'air de méditer un bon mot sur un sujet grave ? — Vous me le demandez ? C'est M. Dupin, l'intrépide défenseur de toutes nos libertés et du droit de propriété plus que de tout le reste. Il se borne aujourd'hui à la défense des libertés gallicanes, mais il y fait merveille. — C'est lui-même ; et qui voyez-vous près de lui, cet orateur un peu gros, mais qui semble plein de vie et impatient de parler ? — C'est M. de La Rochejacquelein, un beau nom, un noble sang. — Et cet autre, plus loin ? — Ah ! c'est M. ***, l'irréconciliable adversaire des lois de septembre. Il a l'air satisfait de les savoir abolies. Quoi de plus naturel ? il les a si longtemps combattues ! — Et cet autre ? — C'est M. ***, que je croyais mort. — Vous voyez bien que non ; mais dites-moi, êtes-vous étonné de voir toutes ces personnes ensemble ? — Moi ! nullement.

C'était sans doute écrit là-haut. — C'est aussi mon avis, et je ne leur en veux pas le moins du monde ; mais leur réunion en un seul parti, n'est-ce pas ce qu'on appelle dans toutes les langues de la terre une *coalition?* Et si on le leur demandait à eux-mêmes, ne diraient-ils pas qu'ils ont formé contre le désordre la plus légitime, la plus sainte des coalitions; qu'ils se sont résignés au sacrifice de leurs préférences personnelles, bien plus, à quelques malentendus désagréables avec leurs amis pour soutenir ensemble, à travers mille labeurs et mille dangers, la meilleure des causes; en un mot, qu'au-dessus de leurs anciennes opinions, qui les divisent, plane le *principe d'autorité,* qui les unit?

Pourquoi le *principe de liberté* ne jouirait-il pas du même privilége ? Et s'il n'est nullement scandaleux (et, en effet, cela n'est point un scandale), si même c'est un spectacle noble et touchant (et, en effet, cela est noble et touchant) de voir toutes ces personnes, parties de points si opposés et pénétrées d'opinions si différentes, combattre aujourd'hui pour la même cause et se confondre sous le même drapeau, dans une étroite communauté de périls et de gloire ; si, au lieu de jurer ensemble, leurs noms se prêtent une force mutuelle, si bien que l'éclat des uns relève la considération des autres; pourquoi signaler à l'indignation publique le simple rapprochement des noms illustres auxquels l'opinion libérale accorde indistinctement sa confiance, et qui la méritent, puisque ceux qui les por-

tent ont mis sous leurs pieds leurs dissenti-
ments d'autrefois pour ne plus songer qu'à
leurs vœux d'aujourd'hui ? Si le *principe d'autorité* fait de ces miracles et n'en devient que
plus respectable, pourquoi le *principe de liberté* ne ferait-il pas les siens et pourquoi ne
pourrait-il les faire sans perdre quelque chose
de son crédit dans l'esprit du public ?

Mais le mot de *miracle* n'est point ici à sa
place et n'a rien à faire dans ce mouvement
naturel de l'esprit, conduisant à s'entendre et
à s'unir des hommes qui ont pu différer et
qui peuvent différer encore sur l'excellence
relative des formes de gouvernement, mais
qui ont été, de tout temps comme aujour-
d'hui, partisans décidés d'un gouvernement

libre. Si, en se réveillant un matin, ils s'é-
taient frappé le front et s'étaient dit, chacun
de son côté : « Je me suis trompé toute ma
vie; telle constitution, que je n'avais jamais
lue, est décidément la meilleure de toutes;
tel système de gouvernement, que j'ai toujours condamné, me paraît si excellent qu'à
partir d'aujourd'hui, non-seulement je l'ap-
prouve, mais je l'applique; » ah! ce serait là
un vrai miracle et qui n'aurait de compara-
ble que celui de saint Paul brusquement éclai-
ré sur le chemin de Damas! En revanche, il
n'est pas besoin d'une subite lumière ni d'aucune conversion pour amener d'anciens légi-
timistes, d'anciens orléanistes, d'anciens ré-
publicains à reconnaître qu'ils ont, sous des
noms divers, aimé et servi la même cause, et
que, s'ils ont longtemps combattu les uns

contre les autres, ce n'est point qu'ils fussent
en désaccord sur les principes d'un gouvernement libre, mais uniquement sur les meil-
leurs moyens de l'établir et de le conserver.
Leurs débats portaient donc sur des questions d'un intérêt secondaire, tels que le nom
qui convient le mieux au chef de l'Etat, ou la
durée de son pouvoir, ou le choix de telle
dynastie plutôt que de telle autre, tandis que
leur accord repose sur l'égal amour de la liberté, c'est-à-dire sur le sentiment le plus capable d'échauffer, d'ennoblir et de rapprocher les âmes. Que fait le changeur à qui l'on
apporte une pièce de monnaie? S'arrête-t-il,
pour en connaître la valeur, à l'exergue, au
nom ou à la figure du souverain, à la beauté
des armes, à la légende qui assure que Dieu
l'a choisi ou le protége? Nullement; il dé-

daigne ces vaines apparences qui ne servent qu'à le tromper ; il prend la pièce, la pèse et l'essaie. Au nom du ciel ! faisons de même, et sachons gré à ceux qui nous en donnent l'exemple. Nous arrêterons-nous à ces dehors de la forme et du nom ? allons droit à ce qu'ils recouvrent : le despotisme, c'est l'alliage ; l'or pur, c'est la liberté.

Ainsi s'est formé et doit s'accroître un nouveau parti qui a le droit de réclamer le beau nom de libéral, puisqu'il n'a d'autre lien ni d'autre principe commun, d'autre mot de ralliement ni d'autre drapeau, que la revendication de la liberté. Pour combattre les mêmes adversaires, pour exprimer les mêmes vœux, pour tenir le même langage, ceux qui composent ce parti n'ont pas à renier leur passé ; ils n'ont pas, non plus, à attaquer la Constitution, dont une promesse solennelle les autorise à espérer et à demander la modification dans un sens libéral ; bien au contraire, ils ne sont jamais plus étroitement ni plus honorablement fidèles à leur passé et aux lois de leur pays, que lorsqu'ils disent tous ensemble :

« Nous avons toujours cru et nous croyons
» encore que la France mérite de vivre sous un
» gouvernement libre, comme l'Angleterre,
» comme la Belgique, comme la Suisse,
» comme les Etats-Unis, comme tant d'autres
» Etats qui ne nous sont supérieurs ni par leur
» civilisation, ni par leurs lumières. Nous
» pensons, comme nous l'avons tous et tou-
» jours pensé, que, chez les peuples qui pré-
» tendent à se gouverner eux-mêmes, le pou-

» voir doit être confié à des ministres res-
» ponsables et amovibles, et que ce pouvoir
» doit être exercé par eux sous le libre con-
» trôle et avec le concours indispensable des
» assemblées délibérantes. Nous croyons que
» l'assemblée des représentants de la nation
» doit être le produit d'élections accomplies
» sans que l'intervention du gouvernement s'y
» fasse sentir autrement que par le maintien de
» l'ordre. » Nous désirons qu'aucune condam-
» nation ne soit prononcée contre aucun ci-
» toyen sans un débat public et contradictoire,
» que nul ne soit soustrait à ses juges natu-
» rels, et particulièrement qu'aucune loi,
» dans aucun temps, n'attribue à l'autorité
» administrative le pouvoir de priver un ci-
» toyen de sa liberté ou de sa patrie. Nous
» pensons que la publicité est l'âme des gou-

» verne ments libres, que le droit de faire
» connaître tous les actes des agents du pou-
» voir et de les discuter est la sauvegarde
» de tous les autres ; que la presse, qui est
» l'instrument le plus régulier et le plus puis-
» sant de cette publicité, ne doit être placée
» en aucun temps, ni par aucune loi, ni à
» aucun degré, sous la main de l'administra-
» tion, mais qu'elle doit relever uniquement
» de la justice du pays, et que les délits com-
» mis par la voie de la presse doivent être
» jugés dans les mêmes formes et avec les
» mêmes garanties que les autres délits. Nous
» avons toujours professé ces principes; mais
» emportés dans de vaines querelles, nous
» avons quelquefois négligé de les maintenir
» à leur rang, c'est-à-dire au-dessus de tout
» le reste ; nous sentons tous aujourd'hui

» qu'en dehors de ces principes et de leur
» application constante, les peuples ne peu-
» vent rencontrer qu'une agitation sans pro-
» grès ou un repos sans dignité. Nous som-
» mes donc attachés à ces principes de toute
» la force de notre âme et prêts à leur tout
» sacrifier, en commençant par nous-mêmes,
» parce que nos communes épreuves nous en
» ont enseigné tout le prix, comme la pro-
» fondeur de la nuit fait mieux goûter l'ex-
» cellence et la beauté de la lumière. »

Ce n'est pas seulement sur ces principes
immuables que l'opinion libérale est d'accord ; elle est d'accord dans l'application
qu'elle en fait aux événements de chaque
jour, et elle est émue de la même manière

par tous les incidents où ces principes se
trouvent engagés. Là encore il est aisé de reconnaître, à côté des opinions particulières
qui peuvent diviser le parti libéral, cet atta-
chement supérieur aux libertés publiques qui
en est l'âme et qui en fait l'unité.

Lorsque, par exemple, la guerre d'Italie
s'approcha de nous, lorsqu'on la sentit venir
à tous ces signes que le poëte anglais appelle
excellemment « l'ombre des événements qui
s'avancent, » le parti libéral ne pouvait avoir
sur cette entreprise en elle-même une opinion unanime. Les uns la condamnaient avec
énergie ; les autres regrettaient, au contraire,
de ne point y avoir eux-mêmes engagé la
France ; mais tous sentaient et tous disaient
aussi haut qu'on pouvait alors le dire, que

la nation devait être appelée en temps opportun à influer sur cette grande affaire, et que son sang ne devait point couler sans son aveu. Tous souffraient également d'entendre discuter la justice et l'opportunité de cette guerre partout où s'élevait une tribune, en Angleterre, en Piémont, en Belgique, en Prusse même, partout, excepté au sein de l'assemblée des représentants de la France. Il est vrai que cette assemblée fut à son tour saisie de cette question redoutable, mais ce fut le jour seulement où notre drapeau se mettait en marche vers l'ennemi, c'est-à-dire le jour où tout bon Français n'avait plus qu'à se résigner avec empressement aux derniers sacrifices. Jusque là, ni la Constitution ni le règlement ne permettaient qu'elle élevât la voix ; et quel contraste plus doulou-

reux que celui de cet absolu silence au milieu du grand murmure qui s'entendait d'un
bout à l'autre de l'Europe, et de la profonde
émotion qui agitait la France ! Pour voir
rompre ce silence, pour voir des ministres
responsables obligés d'expliquer et de défendre la politique du gouvernement devant
une assemblée véritablement libre, c'est-à-
dire investie du pouvoir de juger cette politique et de la modifier à temps, quel libéral
digne de ce nom n'eût sacrifié, soit son at-
tachement à la paix, soit son entraînement
vers la guerre ? Nous en appelons à tous
ceux que n'a point gagnés la détestable doc-
trine de la souveraineté du but, et chez qui
l'ardeur exclusive des opinions personnelles
n'a point étouffé tout respect pour la dignité
de leur pays.

Il y a des libres-échangistes et des protectionnistes dans le parti libéral ; mais on n'y trouvera pas un partisan du traité de commerce. Tous reconnaissent sans hésiter que la Constitution donne au souverain le pouvoir de conclure de tels traités et de disposer seul de la fortune nationale : mais tous le reconnaissent avec une égale tristesse ; et ceux-là mêmes qui eussent volontiers passé leur vie à convaincre leurs concitoyens de l'utilité d'une semblable mesure, ne voudraient, à aucun prix, avoir pris part à cette brusque victoire. Ils voulaient convertir et non point soumettre, persuader et non pas contraindre, et le succès de leurs propres idées ne les a nullement enorgueillis quand ils l'ont vu sortir de ce coup inattendu d'autorité. Bien au contraire, ils n'ont pu voir sans quelque honte venir à eux tant de nouveaux adeptes frappés de la grâce et retournés contre eux-mêmes, et ils se sont gardés de toucher toutes ces mains trop dociles qui leur étaient insolemment tendues. Ils n'ont pas envié surtout la joie intempérante de quelques sectaires, aveuglés par l'esprit de système, indifférents à tout le reste, et à la liberté plus qu'à tout le reste, dignes neveux, sinon dignes fils de celui qui demandait seulement à Dieu un bon roi pour décréter le premier phalanstère. Enfin, portant les yeux de l'autre côté de la Manche, ils ont eu, pour dernière épreuve, le spectacle du Parlement anglais, saisi de ce même traité de commerce, investi du pouvoir de le ratifier ou de le rejeter, et discutant du même coup, avec un droit souverain d'appréciation, les tarifs de

l'Angleterre et ceux de la France. En présence
d'un tel spectacle et des sentiments qu'il nous
inspire, la protection ou le libre échange de-
viennent pour le parti libéral des questions
secondaires ; il ne se divise point pour si
peu ; il réclame avant tout pour le pays et
d'une commune voix le droit de déterminer
lui-même la mesure de protection nécessaire
à son industrie, et les conditions de son commerce avec les peuples voisins.

Nous n'avons parlé que de la guerre d'Italie et du traité de commerce ; mais il nous
serait aisé de parcourir ainsi tous les incidents de notre existence politique et de montrer, en chaque occasion, combien les sentiments qui unissent le parti libéral sont plus

forts et plus profonds que les souvenirs ou les préférences qui le divisent. Pourquoi ce précieux accord resterait-il stérile? pourquoi ne pas travailler tous ensemble à agrandir aussi bien qu'à resserrer cette alliance? Pourquoi ne pas appeler dans nos rangs tous ceux de nos concitoyens qui voudront oublier leurs anciennes querelles, se rapprocher dans un effort pacifique mais opiniâtre, et marcher ensemble à la conquête des libertés publiques? Ne pouvons-nous répandre le salutaire exemple de notre accord, en rendre un fréquent et public témoignage, montrer enfin par nos écrits aussi bien que par notre conduite le peu de cas que nous faisons de nos vieilles discordes, et notre ferme résolution de rester unis dans l'amour de la liberté? Aucune force ne peut l'empêcher; aucune loi n'a prétendu

l'interdire; il dépend de nous seuls de semer
ce bon grain : la moisson lèvera, s'il plaît à
Dieu.

Nous voudrions donc voir traiter dans un
esprit libéral et dans des publications qui
échappent par leur nature même, non pas à
la justice du pays,—nous avons confiance dans
la justice de notre pays, — mais à la police
administrative et aux dures conditions de la
presse périodique, toutes les questions de
politique, de législation, de finance qui peuvent donner l'occasion de faire sentir au public non-seulement l'étendue de ses droits,
mais ce qui importe plus encore dans le
temps où nous sommes, l'intérêt qui devrait
le pousser à en revendiquer l'usage. Nous

voudrions créer, pour un meilleur avenir, une entente générale sur l'organisation de la justice, de l'administration, sur le rôle des pouvoirs publics, sur le régime des cultes, sur la situation de la presse, en un mot sur les conditions indispensables d'un gouvernement libre, quels qu'en soient d'ailleurs la forme et le nom. Mais nous voudrions surtout, et tous les jours et par tous les moyens, conjurer la France de songer à la France.

On n'a jamais vu jusqu'à ce jour un grand pays qui n'est point menacé par l'étranger, et que le monde entier ne demande qu'à laisser en repos, être détourné si constamment de ses propres affaires et enveloppé, bon gré, mal gré, dans les affaires d'autrui. La

France a respiré un instant pendant le court
intervalle qui a séparé la guerre d'Orient de
la guerre d'Italie, et il était déjà facile de
sentir que l'attention du pays, ramenée ainsi
sur lui-même, lui faisait prendre en considération sa situation intérieure et pouvait lui
rendre le goût de la liberté. Mais ce repos
a trop peu duré, et de l'affranchissement des
Moldo-Valaques à l'affranchissement des Ita-
liens il n'y a eu qu'un pas. Nous venions à
peine de donner une constitution aux uns
qu'il a fallu se hâter de conquérir l'indépen-
dance des autres; et après plus d'un traité
signé, plus d'une annexion accomplie et
plus d'un congrès manqué, nul n'osera dire
que nous soyons au terme de cette seconde
aventure. Bien au contraire, l'entr'acte suf-
fisamment rempli par nos différends avec le

Saint-Siége et par la secousse du traité de
commerce, vient de finir; nous dirions volontiers que les trois coups de marteau viennent de se faire entendre, et voici que la
toile se lève sur un nouveau tableau, celui
de l'insurrection de la Sicile. Il se passait
quelque chose de semblable dans les fêtes
publiques qu'on donnait au peuple de Paris
du temps de notre enfance : deux théâtres
étaient dressés aux Champs-Elysées et les pa-
rades militaires s'y succédaient toute la journée. Les deux théâtres alternaient leurs re-
présentations; quand la toile se baissait d'un
côté sur une décharge triomphante, elle se
levait de l'autre, et les coups de fusil repre-
naient de plus belle. Entre les deux théâtres
était la foule, bouche béante, absorbée dans
cette contemplation guerrière et oubliant

tout le reste. Qu'une journée se passe ainsi, on peut le comprendre et en sourire ; mais sommes-nous ici-bas pour vivre de la sorte et est-ce là l'image qu'on doit se faire de l'existence d'une nation?

Voilà le véritable obstacle aux efforts du parti libéral. Il y a peu de chose à faire dans notre pays en faveur de la liberté, tant que le peuple français se demandera chaque matin : « *Qu'y a-t-il de nouveau ?* » sans s'apercevoir que la plus étonnante des nouveautés c'est son indifférence sur lui-même. Comment décider à se retourner, pour voir ce qui se passe chez lui, un homme attaché à sa fenêtre et uniquement attentif au bruit qui se fait dans la rue ? Il ne semble pas, à première vue, que la faible voix de quelques amis de la liberté puisse l'emporter sur ce tumulte incessant du dehors, et rappeler aux affaires du dedans une nation qui paraît n'avoir gardé de ses anciens défauts et de ses anciennes vertus qu'une curiosité maladive et une molle résignation. Une plus forte voix, celle des événements, serait ici nécessaire, et l'on n'imagine pas de leçons trop sévères pour faire sentir la valeur matérielle de la liberté à la foule distraite et endurcie qui nous entoure. Mais ces cruelles leçons, nous souhaitons ardemment qu'elles soient épargnées à la France ; nous avons même la confiance consolante que personne n'est aujourd'hui en état de les lui infliger. Au contraire, il n'est pas impossible qu'elle trouve dans ces complications extérieures un certain accroissement de sa grandeur, et pour son orgueil quelques satisfactions passagères qui la rendent plus insensible encore à la diminution de ses libertés.

Mais alors pourquoi parler? dira-t-on; pourquoi élever une voix qui ne peut pas être entendue? pourquoi se consumer en efforts inutiles? C'est d'abord pour le soulagement de notre propre conscience, pour que la prescription ne puisse pas s'établir, pour qu'il ne soit pas possible un jour de transformer le silence universel en universel découragement. C'est encore parce qu'il n'est point permis à l'homme de justifier son inaction par la difficulté de sa tâche; c'est parce que dans ce monde, où tout change, à toute heure, nul ne peut pévoir l'effet de sa parole ; c'est parce que la destinée, à qui tout est bon, emploie parfois des forces qui s'ignorent elles-mêmes, et peut emprunter le secours d'un grain de sable pour détourner brusquement le cours des choses ; c'est enfin parce que, dans de semblables entreprises, le succès n'est point, après tout, ce qui importe le plus, et que celui qui s'y dévoue tout entier trouve en lui-même sa récompense.

S'il n'y avait quelque secrète douceur à embrasser les bonnes causes lorsqu'elles semblent perdues, à se roidir contre la toute-puissance, à dépenser, sans profit visible, toutes les ressources de son esprit et toute l'énergie de son âme, croyez-vous donc que l'histoire serait peuplée de ces hommes qui

ont préféré à la soumission et au silence
l'exil, les persécutions, la mort, et pis que
tout cela, l'indifférence de la multitude et le
mépris des faux sages, toujours enclins à
dire : A quoi bon et que ne vous résignez-
vous? Ne pouvoir se résigner , être sen-
sible à autre chose qu'à ce qui se touche et
à ce qui se compte, céder à un inexplicable
attrait pour la lutte inégale et pour l'effort
longtemps stérile, voilà les titres de noblesse
de notre nature, et si nous les perdons, que
reste-t-il à notre espèce pour la distinguer
d'un vil troupeau? Mais ces titres, on éprouve
à les revendiquer et à les défendre une satis-
faction profonde et capable de se suffire.
Soyez-en donc persuadé, cher lecteur, quand
nous vous parlons de liberté, nous sommes

payés de notre peine par notre peine elle-même, et c'est pour vous, bien plutôt que pour nous, que nous souhaitons ardemment de vous convaincre.

FIN.

De l'Imprimerie de BEAU, à Saint-Germain-en-Laye.